VENTE DU MERCREDI 6 MARS 1912
HOTEL DROUOT, SALLE N° 10

EXPOSITION PUBLIQUE : Le Mardi 5 Mars, de 1 h. 1/2 à 6 heures

OBJETS D'ART

ET DE

CURIOSITÉ

ARMES ANCIENNES

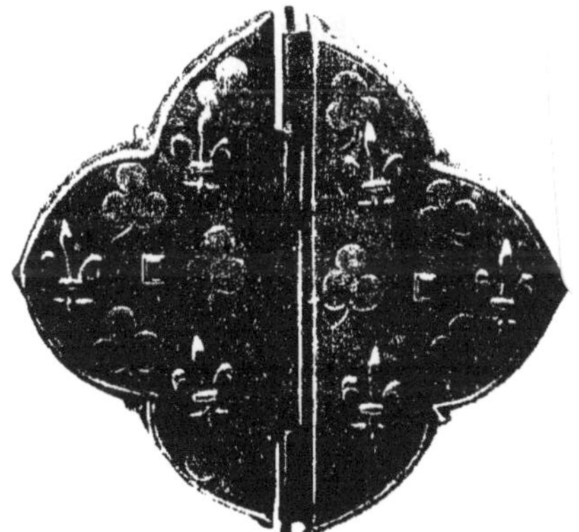

M° F. LAIR-DUBREUIL
COMMISSAIRE-PRISEUR
6, rue Favart

M. HENRI LEMAN
EXPERT
37, rue Laffitte

PARIS — 1912

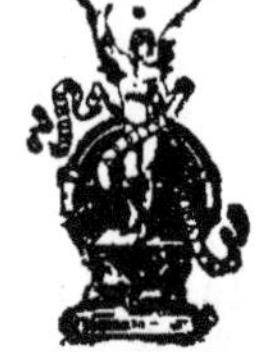

CATALOGUE

DES

OBJETS D'ART

ET DE

CURIOSITÉ

DES ÉPOQUES MOYEN AGE, RENAISSANCE, ETC.

ÉMAUX DE LIMOGES

CHAMPLEVÉS ET PEINTS

Importante Coupe en Cristal de Roche

IVOIRES, PIERRES, MARBRES, BOIS SCULPTÉS

BRONZES ITALIENS

ARMES

OBJETS VARIÉS

DONT LA VENTE AURA LIEU A PARIS

HOTEL DROUOT, Salle N° 10

LE MERCREDI 6 MARS 1912

à deux heures

M° F. LAIR-DUBREUIL	M. HENRI LEMAN
COMMISSAIRE-PRISEUR	EXPERT
6, rue Favart	37, rue Laffitte

EXPOSITION PUBLIQUE

Le Mardi 5 Mars 1912, de 1 h. 1/2 à 6 heures

CONDITIONS DE LA VENTE

Elle sera faite au comptant.

Les adjudicataires paieront *dix pour cent* en sus des enchères.

L'exposition mettant le public à même de se rendre compte de l'état et de la nature des objets, aucune réclamation ne sera admise une fois l'adjudication prononcée.

Paris. — Imp. de l'Art, Ch. Berger, 41, rue de la Victoire.

DÉSIGNATION

ARMES ANCIENNES

1 — Épée en fer, à longs quillons droits.

2 — Épée en fer, à lame plate. Quillons courts légèrement incurvés vers la lame. Pommeau plat en forme de losange. xɪvᵉ siècle.

3 — Épée en fer, à lame plate munie d'une large gouttière. Quillons droits et pommeau lenticulaire incrusté d'une croix damasquinée d'or. xɪvᵉ siècle.

4 — Épée en fer, à lame effilée. Quillons droits et pommeau circulaire. xɪvᵉ siècle.

5 — Grande épée à deux mains ; la poignée est garnie de cuir.

6 — Épée espagnole, à corbeille ornée de rinceaux repercés.

7 — Épée, à lame effilée ; la poignée est munie d'un pommeau ajouré, de longs quillons droits et d'une garde à corbeille bordée de rinceaux ajourés.

8 — Épée à lame effilée, à poignée damasquinée
d'argent. Pommeau godronné, quillons en S,
branches de garde et de contre-garde con-
tournées.

9 — Épée en fer, à lame plate; la poignée est
damasquinée d'argent et munie d'un pommeau
évidé.

10 — Deux épées: l'une, à poignée munie de quillons droits terminés par un renflement cannelé
et munie d'un pommeau en olive à godrons.
L'autre épée est à poignée à pommeau cannelé;
à branches de garde et de contre-garde courbes.

11 — Épée en fer, à poignée munie de branches de
garde et de contre-garde courbes, et surmontée
d'un pommeau torse à double renflement.

12 — Épée en fer, à quillons en S; le pommeau
ovoïde ainsi que les branches de garde et de
contre-garde sont incrustés d'argent.

13 — Épée en fer, à quillons droits; garde à large
coquille gravée de rinceaux.

14 — Épée, à quillons longs très légèrement re-
courbés en S. Pommeau conique à pans.

15 — Dague en fer, à lame ajourée; la poignée est
en fer damasquiné d'argent, à rosaces et mé-
daillons-bustes. xviie siècle.

16 — Six dagues ou main gauche, de modèles variés. (A diviser.)

17 — Deux petites épées courtes, à poignées damasquinées d'argent. xviie siècle.

18 — Deux épées : l'une, à corbeille repercée et munie d'un pommeau godronné ; l'autre, à coquille repercée et à pommeau orné de branchages ciselés. xviie siècle.

19 — Deux épées : l'une, à quillons courts et pommeau à fleurettes damasquinées d'argent : l'autre, à coquille ajourée et pommeau cannelé. xviie siècle.

20 — Couteau de chasse, à lame gravée ; poignée en ivoire garnie d'argent. xviiie siècle.

21 — Petite épée, à poignée et garde en fer damasquiné, à motifs de rinceaux et de cavaliers. xviiie siècle.

22 — Deux petites épées : l'une, à coquille et pommeau repercés : l'autre, à coquille, branche de garde et pommeau ciselés, à motifs allégoriques. xviiie siècle.

23 — Affût de canon en fer forgé. xvie siècle.

Long., 43 cent.

24 — Bouclier rond en fer repoussé, représentant un combat de cavaliers. Bordure d'entrelacs et de rinceaux. xvie siècle.

Diam., 56 cent.

25 — Bouclier rond en fer gravé; il est orné au centre
d'un médaillon rond repoussé, présentant une
tête de Méduse. xvie siècle.

Diam., 59 cent.

26 — Bouclier en fer, à motif rayonnant gravé.

27 — Cuirasse en fer.

28 — Deux gantelets.

29 — Huit casques variés, de différentes époques :
armet, morions, cabassets. (A diviser.)

30 — Huit hallebardes ou piques, montées sur de
longues hampes. (A diviser.)

31 — Paire d'étriers en bronze doré; les branches
cannelées sont ornées de guirlandes feuillagées.
Italie, xvie siècle.

32 — Poire à poudre, de forme demi-cylindrique, en
cuir noir ciselé et repoussé, à décor d'animaux
et de rinceaux. Garniture en fer noirci. Italie,
xvie siècle.

33 — Poire à poudre en corne, munie d'une jolie garniture en bronze ciselé et doré. xvie siècle.

34 — Poire à poudre en os gravé. Poire à poudre
en os sculpté à personnages. (Deux pièces.)

35 — Deux paires d'étriers en fer.

36 — Paire de pistolets, garnis de plaques de fer, à
motifs de trophées. xviiie siècle.

37 — Paire de pistolets, garnis en argent, fûts en
bois sculpté, batteries et canons damasquinés.

38 — Paires de petits pistolets, garnis en argent, à
motifs de fleurs et d'oiseaux. xviiie siècle.

39 — Deux sabres orientaux, à poignées ornementées, munis de leurs fourreaux garnis
d'argent.

40 — Deux haches d'armes en fer damasquiné. Travail oriental.

41 — Brassard en fer damasquiné. Travail oriental.

42 — Cotte de mailles.

43 — Poignard oriental en fer gravé. — Poignard
japonais.

44 — Lance en fer, montée sur une longue hampe
en partie marquetée de nacre. Travail oriental
ancien.

45 — Plaques en cuivre repoussé. — Clous de
portes en fer. — Coquilles et pommeaux d'é-
pées. — Batteries de pistolets. — Deux clefs
en fer.

OBJETS VARIÉS

46 — Statuette en ivoire : Sainte femme debout, couronnée, drapée et voilée. Ancien travail espagnol.

Haut., 38 cent.

47 — Trois pièces en ivoire antique : Petite statuette de personnage debout, les bras le long du corps. — Plaquette sculptée en bas-relief d'un Faune, vu à mi-corps. — Plaquette, ornée de deux bustes de personnages inscrits dans des médaillons circulaires.

48 — Diptyque en ivoire sculpté en bas-relief, représentant, sur le volet de gauche : l'Annonciation et la Nativité, et sur le volet de droite, la Crucifixion et le Christ et la Madeleine. A la partie supérieure, arcatures gothiques ornementées. Travail français. xive siècle.

Largeur ouvert, 188 millim.; haut., 88 millim.

49 — Croix plate en cristal de roche, garnie d'une monture en argent gravé. xvie siècle.

50 — Coupe en forme de coquille en jaspe rouge, sur tige-balustre posée sur une base ovale. xvie siècle. Monture en cuivre doré.

Long., 14 cent.; larg., 10 cent.

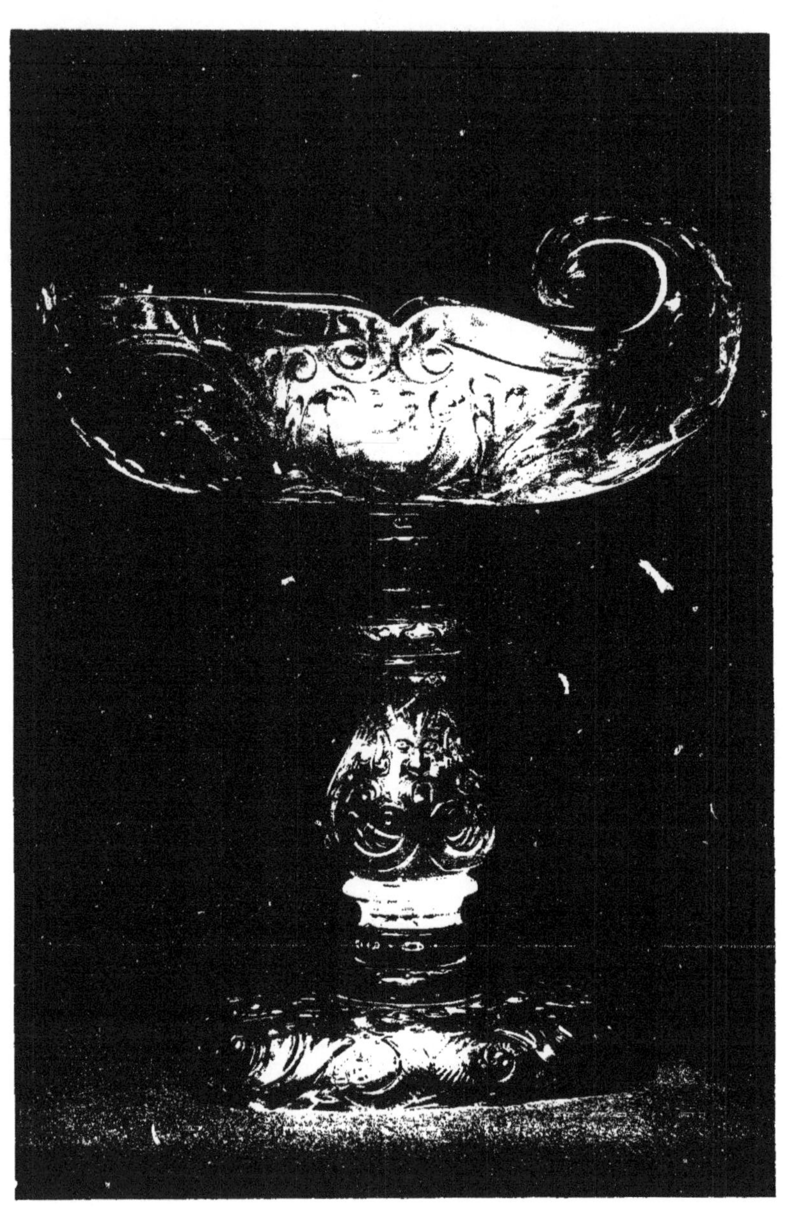

Nº 51

5750

20

8 Ja

9 m

78

51 — Importante coupe en cristal de roche taillé, de forme ovale allongée, à bords découpés dont la partie postérieure se relève en volute.

Elle est ornée au pourtour de grands rinceaux feuillagés disposés symétriquement et d'un large mascaron.

Travail italien de la fin du XVIe siècle, attribué à *Henrico Malatesta de Palerme*.

Cette coupe est montée sur une haute tige-balustre posée sur une base ovale, également en cristal de roche et ornées dans le même style que la coupe. Deux anneaux d'or émaillé en couleurs sont fixés sur la tige. Ecrin en cuir noir orné de fleurettes.

Long. de la coupe : 28 cent. ; larg. de la coupe : 17 cent.

Haut. totale : 335 millim.

52 — Calice en argent doré ; la coupe, de forme évasée, repose sur une tige hexagonale ajourée de fenestrages et interrompue par un nœud repoussé orné de plaquettes losangées gravées et de fleurettes en relief. Le pied à six lobes repose sur une base ornée de rinceaux repercés. XVe siècle.

Haut., 19 cent.

53 à 56 — Collection de miniatures sur parchemin, provenant de manuscrits, livres d'Heures, antiphonaires des XIIIe, XIVe, XVe et XVIe siècles. (A diviser.)

Diverses enluminures provenant d'un manuscrit du commencement du XIIIe siècle sont très richement ornementées et particulièrement remarquables.

57 — Bague en or. Le chaton s'ouvre au moyen d'un ressort et laisse apparaître une statuette de Napoléon Iᵉʳ. Sur les côtés, deux écussons chargés de l'N couronné.

58 — Bague en or émaillé noir, à rinceaux réservés. Chaton ouvrant, formant reliquaire.

59 — Bague ancienne en or ciselé à chaton émaillé bleu, représentant un poisson supportant une barque. Entourage de petites pierres vertes.

60 — Deux bandeaux en or estampé, avec inscriptions cunéiformes.

61 — Deux brassards en ivoire sculpté, à décor de personnages et d'inscriptions cunéiformes. Style antique.

62 — Sceptre et couronne en ivoire sculpté et gravé, avec monture en argent enrichie de cabochons. Décor de personnages, ornements de style assyrien et d'inscriptions cunéiformes.

63 — Ceinture en cuivre émaillé et glaive à poignée émaillée, à décor de personnages et d'ornements, de style assyrien.

64 — Lot de cristaux de roche, gravés de personnages, ornements divers et inscriptions cunéiformes.

65 — Lot d'objets divers, tels que chapelets, collier avec plaquettes de lapis et cristaux de roche, bracelet ivoire, plaquettes en jade, amulettes, manuscrit oriental, etc.

66 — Diverses pièces de style antique : obélisque en albâtre, orné de cartouches gravés, cylindres gravés, vases, coupe, fragment de bas-relief, etc., à décor de personnages et inscriptions cunéiformes. Dix pièces.

67 — Boîte, de forme contournée, à couvercle plat. Marbre veiné. XVIIIe siècle.

68 — Panneau en bois, avec appliques de métal, de nacre et d'ivoire, présentant un hibou sur une branche d'arbre. Travail japonais.

69 — Disque en terre vernissée irisée, à décor de poissons. Art chinois.

Diam., 175 millim.

70 — Corne à chausser, décorée de cinq comparti-ments à figures allégoriques. Elle porte la date 1602.

71 — La Joueuse de Mandoline. Peinture sur panneau. École flamande. Cadre mouluré et doré.

Haut., 45 cent.; larg., 30 cent.

72 — Portrait d'homme en buste de trois quarts à gauche. Il est vêtu d'un manteau vert laissant apparaître un col blanc. Il est coiffé d'une calotte rouge. Peinture sur panneau. École italienne. Cadre mouluré et doré.

Haut., 42 cent.; larg., 335 millim.

73 — Dessin rectangulaire, offrant des comparti-
ments à sujets à personnages. Projet pour
l'en-tête d'un livre. France, xvie siècle.

> Haut , 37 cent.; larg., 21 cent.

74 — Deux dessins du xvie siècle : Sujets représen-
tants de nombreux personnages à l'intérieur de
monuments à colonnes. Italie.

> Haut., 34 cent.; larg., 21 cent.

ÉMAUX

75 — Christ byzantin en cuivre doré; il est vêtu du périzonium émaillé orné de turquoises simulées. Limoges, xiiie siècle.

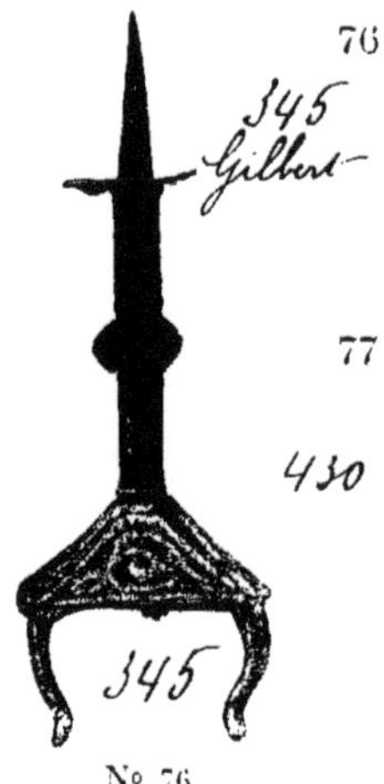

N° 76

76 — Porte-cierge en cuivre champlevé et émaillé, à décor de rinceaux réservés sur fond bleu. Limoges, xiiie siècle.

Haut., 17 cent.

77 — Croix en cuivre gravé et doré, à décor de feuilles et de fleurs. Elle est ornée d'un Christ rapporté en bronze fondu, et de plaquettes quadrilobées champlevées, avec traces d'émaux en couleurs, à sujets religieux. xive siècle.

Haut., 50 cent.

78 — Petite plaquette rectangulaire en cuivre champlevé et émaillé, à décor de palmettes sur fond bleu. Limoges, xiiie siècle.

79 — Plaque ronde en cuivre émaillé, ornée d'un motif rayonnant rouge sur fond gros bleu. Limoges, xiiie siècle.

Diam., 7 cent.

80 — Navette à encens en cuivre champlevé et
émaillé, à décor de rosaces polychromes séparées
par des rinceaux réservés sur fond d'émail bleu.
Au centre, de chacun des côtés du couvercle,
deux oiseaux chimériques découpés et en relief.
Limoges, XIIIe siècle.

Long., 22 cent.

81 — Plaque de baiser de paix en émail peint en
couleurs, représentant la Cène ; au premier
plan, la Madeleine agenouillée. Composition à
nombreux personnages. Sur diverses parties de
la plaque, points d'émail en relief. *Nardon
Pénicaud, Limoges.* Commencement du XVIe siècle. Encadrement en bronze et cuir gravé.

Haut. totale : 19 cent.; larg. totale : 16 cent.

(*Collection E. Chappey*, n° 1693.)

82 — Plaque cintrée en émail peint en couleurs, représentant la Sainte Trinité. Limoges, XVIe siècle.
Cadre mouluré en bois.

Haut., 145 millim.; larg., 11 cent.

83 — Plaque ovale peinte en émaux de couleurs, représentant Suzanne et les Vieillards. Signée : *P. R.*
Pierre Raymond, Limoges, XVIe siècle. Cadre
rectangulaire en velours rouge, avec baguettes
de bronze doré.

Grand diam.: 21 cent. Petit diam.: 175 millim.

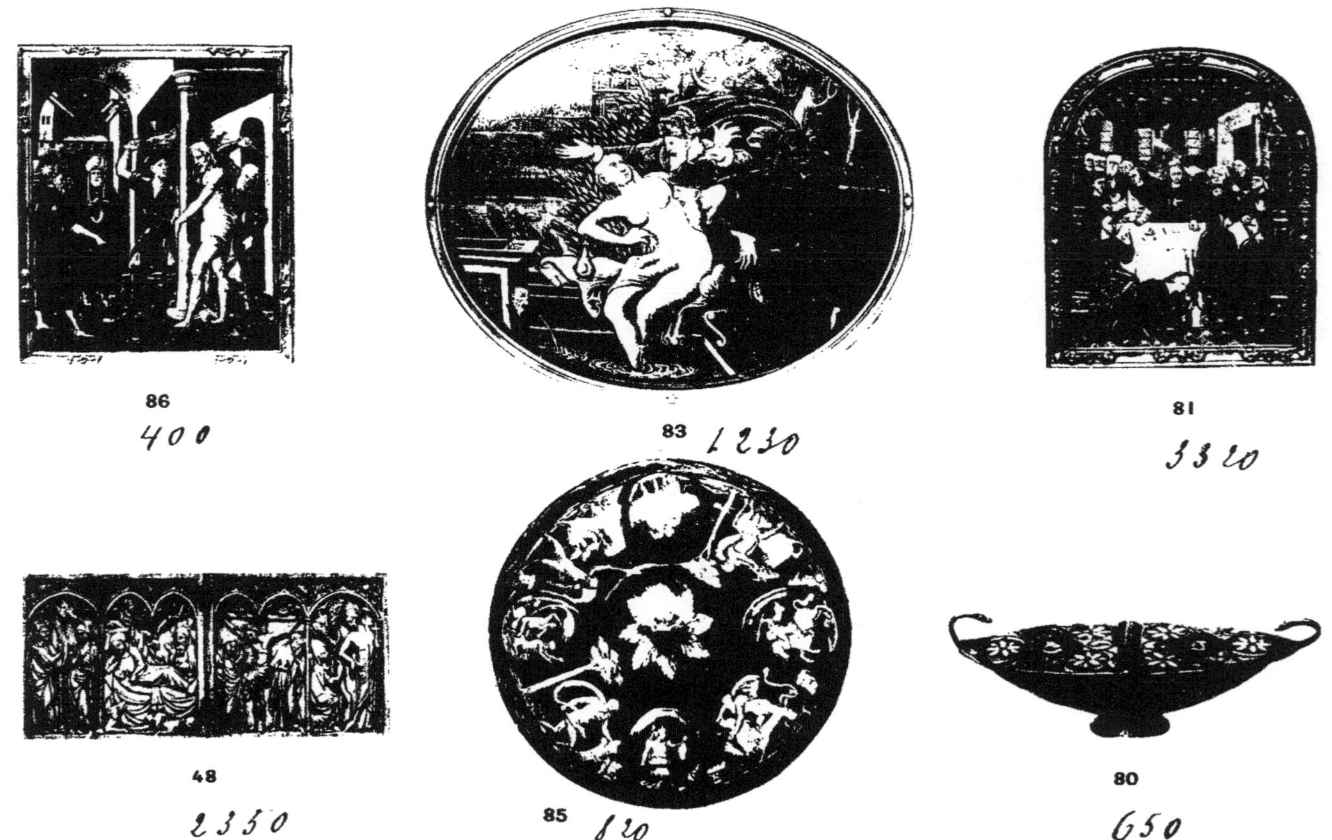

86   400
83   1230
81   3320
48   2350
85   820
80   650

84 — Plaque rectangulaire en émail peint en couleurs avec rehauts d'or et paillons, représentant Suzanne et les Vieillards. *Atelier de Jean
Courtois*. Limoges, xvi° siècle. Cadre en velours
rouge avec baguettes moulurées en bronze
doré.

530

Haut., 215 millim.; larg., 16 cent.

85 — Couvercle de coupe en émail peint en grisaille
avec rehauts d'or. Il est orné à l'extérieur de
quatre médaillons ovales, repoussés, ornés de sujets allégoriques à personnages. Ces médaillons
sont séparés par quatre sujets tirés de l'histoire
d'Hercule. L'intérieur est orné de quatre bustes
séparés par des palmettes et des cartouches.
Limoges, xvi° siècle.

8 20
Halbm

Diam., 19 cent.

86 — Plaque rectangulaire en émail peint en couleurs, représentant la Flagellation du Christ.
Limoges, xvi° siècle. Cadre en velours grenat
avec baguettes moulurées en cuivre doré.

400
Gilbert

Haut., 145 millim.; larg., 115 millim.

87 — Plaque rectangulaire en émail peint en grisaille, représentant le Baiser de Judas. Composition à nombreux personnages sur fond noir
étoilé d'or. Limoges, xvi° siècle. Cadre en bois
mouluré, avec plaquettes d'émail ornées de rinceaux dorés sur fond noir.

260

Larg. totale : 16 cent.
Haut., totale : 137 millim.

2

88 — Plaque rectangulaire en émail peint en couleurs : la Mise au Tombeau. Limoges, xvi° siècle. Cadre en bois sculpté.

Haut., 13 cent.; larg., 10 cent.

89 — Plaque rectangulaire en émail peint en couleurs : la Crucifixion. Composition à nombreux personnages. Limoges, xvi° siècle.

Haut., 11 cent.; larg., 10 cent.

90 — Plaque rectangulaire en émail peint en couleurs, représentant Hercule et Cacus. Limoges, xvi° siècle.

Larg,, 115 millim.; haut., 8 cent.

91 — Tasse et soucoupe en émail peint en couleurs. La tasse est ornée de deux médaillons représentant *Panthée* et *Debore*, et séparés par des rinceaux émaillés en relief encadrant des bustes laurés d'empereurs romains. Sur la soucoupe, *La Pucelle d'Orléans* vue à mi-jambe, cuirassée et tenant un drapeau. Signées : *I. L. Jacques Laudin.* Limoges, xvii° siècle.

92 — Tasse et soucoupe en émail peint en couleurs. La tasse est ornée de deux médaillons représentant *Zénobie* et *Pauline*, séparés par des rinceaux en relief encadrant les bustes laurés d'empereurs romains. Sur la soucoupe, *Jahel* enfonçant un clou. *Jacques Laudin.* Limoges, xvii° siècle.

93 — Baiser de paix en émail peint de Limoges en
couleurs du xvie siècle, représentant : le Christ
en croix entre la Vierge, Saint Jean et la Made-
laine. Cadre du temps en bois sculpté.

160

BRONZES

94 — Buste de guerrier drapé et casqué à l'antique.
Bronze patiné. Italie, xvie siècle. Base colonnette
en marbre rouge.

200

Haut., 11 cent.

95 — Petite statuette en bronze patiné : Le Gladia-
teur mourant, d'après la Statue du Musée du
Capitole. Ancien travail italien.

305

Haut., 9 cent.

96 — Statuette en bronze d'après l'antique : Horus
Harpocrate nu, debout, l'index rapproché des
lèvres et tenant un rhyton dans la main gauche.
Italie, xvie siècle. Base circulaire en marbre.

Haut., 25 cent.

97 — Petite figurine d'ange ailé marchant, le bras
gauche avancé. Bronze doré. xvie siècle.

Haut., 105 millim.

98 — Statuette d'Apollon nu et debout, près d'un
tronc de palmier. Une draperie posée sur
l'épaule gauche s'enroule après son bras ; la
main droite est appuyée sur la hanche. Bronze
patiné. Ancien travail italien.

840
Leman

Haut., 31 cent.

99 — Statuette en bronze patiné, représentant Atrée (?)
debout, nu, et lauré, tenant par la jambe et
rejeté au-dessus de son épaule gauche un jeune
enfant qu'il s'apprête à massacrer avec un glaive
qu'il tient de la main droite. Base quadran-
gulaire en bronze. Italie, XVIe siècle. Contre-
socle en marbre vert.

Haut. totale : 33 cent.

100 — Baiser de paix en bronze doré. Il offre au
centre un médaillon circulaire représentant le
Christ soutenu par la Vierge et saint Jean. Encadrement ornementé de feuilles d'acanthe et
surmonté par un fronton triangulaire à double
volute supportant une tête de chérubin. Italie,
XVIe siècle.

Haut., 19 cent.; larg., 12 cent.

101 — Coffret rectangulaire à couvercle plat, en bronze.
École de Donatello. Padoue, fin du XVe siècle.

Le couvercle présente deux amours soutenant des rubans, et placés debout de chaque
côté d'une couronne de feuillage renfermant un
écusson armorié. Les plaques de la face et du
revers représentent, disposé de chaque côté
d'une couronne formée de deux cornes d'abon-
dance, un centaure portant en croupe une femme
drapée. Les plaquettes des extrémités offrent
chacune une tête de Méduse de face posée sur une
guirlande de feuillage suspendue par des rubans.
Le coffret est porté par quatre pieds formés de
cariatides à têtes casquées. Jolie patine noire.

Haut., 63 millim.; long., 23 cent.; larg., 14 cent.

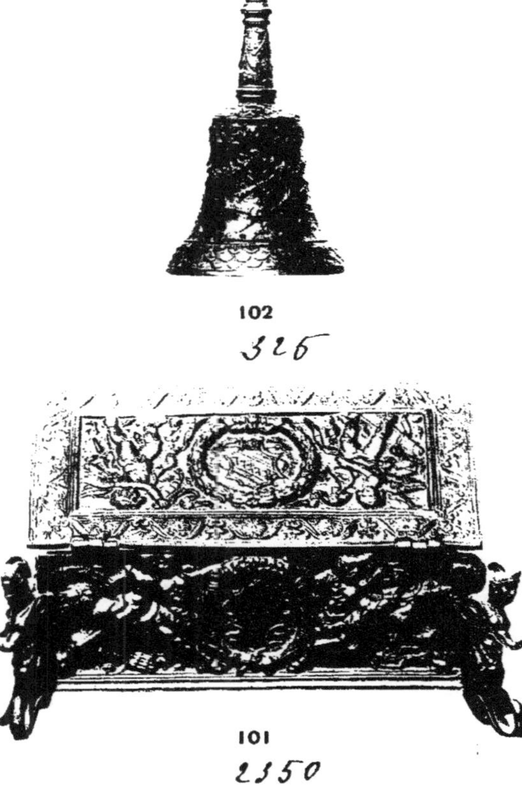

102
326
101
2350

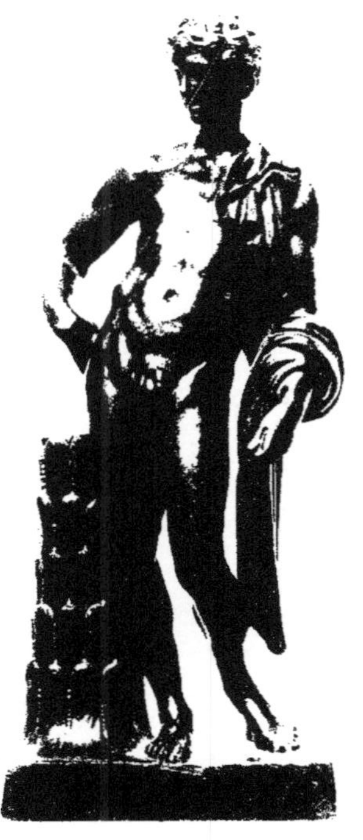

98
840
99
680

102 — Sonnette en bronze, à décor de branches fleu-
ries et d'attributs suspendus à des guirlandes.
Bordure imbriquée. Poignée à motifs feuillagés
terminée par un bouton mouluré. Italie, commencement du XVIᵉ siècle.

Haut., 13 cent.

103 — Statuette de jeune femme nue, dansant, la
jambe gauche levée et avancée, et les bras arron-
dis en mouvements gracieux. XVIIIᵉ siècle.
Socle en marbre vert.

Haut., 16 cent.

104 — Statuette en bronze de Jupiter nu et debout,
tenant le foudre. Socle adhérent mouluré.

Haut., 45 cent.

105 — Statuette en bronze d'homme nu debout,
tenant un glaive. Ancien travail italien. Base en
marbre.

Haut., 37 cent.

106 — Statuette en bronze de femme agenouillée,
drapée en partie dans un ample manteau et
soutenant une coquille au-dessus de sa tête.
Italie, fin du XVIᵉ siècle. Socle en marbre rouge.

Haut., 19 cent.

107 — Statuette d'enfant nu en bronze, assis, tourné
de trois quarts à gauche et tenant un miroir
dans la main gauche et un serpent de la main
droite. Socle en marbre vert.

Haut., 35 cent.

108 — Mortier en bronze, décoré d'une frise de rinceaux et de mascarons. Italie, XVIᵉ siècle.

109 — Paire de chenets en bronze patiné, formés d'une tige-balustre à godrons, reposant sur une base triangulaire ornée de mascarons. Travail italien.

Haut., 66 cent.

CUIVRES, ÉTAINS

110 — Mors de chape quadrilobé en cuivre doré et
gravé, orné de fleurettes sur fond guilloché et de
fleurs de lys en relief. Il est divisé par une
charnière médiane. Travail français. xve siècle.

Larg., 13 cent.

(*Collection Gay.*)

(*Glossaire archéologique, p. 463.*)

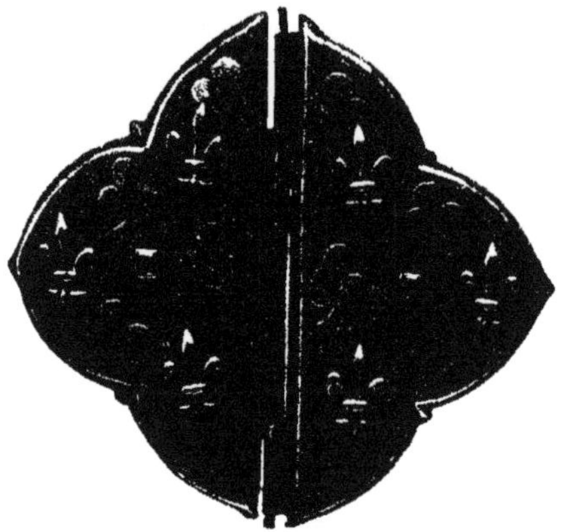

N° 110.

111 — Boîte-reliquaire en cuivre doré, en forme de
monument, à six pans ; elle est munie de contre-
forts à chacun de ses angles et ornementée, sur

toutes ses faces, d'une petite statuette d'applique
de saint personnage, disposée sous une arca-
ture gothique. xvᵉ siècle.

Haut., 14 cent.

112 — Buire, de forme ovoïde, à anse surélevée, en
cuivre repoussé, décoré de compartiments à
sujets tirés de l'histoire d'Hercule. xviᵉ siècle.

113 — Aiguière et plateau en cuivre repoussé, à
décor d'animaux et de rinceaux. Sur l'ombilic
du plateau et sur la buire sont deux écussons
armoriés. Ancien travail italien.

114 — Deux flambeaux en cuivre gravé, à larges
bases circulaires supportant une tige-balustre.

115 — Hanap, en forme de casque, en étain gravé.
xviᵉ siècle.

116 — Ancien bougeoir en étain.

117 — Pince en fer ciselé. xviiᵉ siècle.

118 — Boite rectangulaire, simulant deux livres
posés l'un sur l'autre.

119 — Sceau en bronze, à décor de personnages
gravés et d'inscriptions cunéiformes. Style antique.

BOIS SCULPTÉS

120 — Grande statuette de Vierge debout, drapée
et voilée, les mains jointes. Bois sculpté et
polychromé. Espagne, fin du xvᵉ siècle.

> Haut., 1 m. 30 cent.

121 — Statuette de sainte femme debout, drapée et
voilée. Bois sculpté. xvᵉ siècle.

> Haut., 70 cent.

122 — Tête-applique en bois sculpté et polychromé :
Saint Jacques. xvıᵉ siècle.

123 — Petit haut-relief en bois sculpté : Sainte femme
tenant un vase à parfums. Commencement du
xvıᵉ siècle.

124 — Saint évêque assis sur un siège à X, mitré
et bénissant. Bois sculpté et polychromé. xvıᵉ
siècle.

> Haut., 85 cent.

125 — Statuette de saint évêque, drapé et mitré, assis
sur un siège gothique. Bois sculpté avec traces
de peinture. xvᵉ siècle.

> Haut., 98 cent.

126 — Groupe en bois sculpté et peint : Sainte Anne
assise, drapée et voilée, tenant la Vierge sur ses
genoux. xvıᵉ siècle.

> Haut., 85 cent.

127 — Statuette de sainte femme debout et drapée,
les cheveux dénoués pendants sur les épaules.
xvie siècle.

Haut., 85 cent.

128 — Christ debout et nu, les mains croisées sur
le corps. Bois sculpté et peint. xvie siècle.

Haut., 98 cent.

129 — Statuette de saint Hubert agenouillé. Bois
sculpté. Fin du xvie siècle.

Haut., 45 cent.

130 — Groupe en bois sculpté : Dieu le père assis,
tenant le Saint-Esprit, ayant à ses côtés le Christ
soutenant la croix de sa main droite. xviie
siècle.

Haut., 85 cent.

131 — Statue petite nature de saint Joseph debout,
portant l'Enfant Jésus sur son bras gauche.
Bois sculpté. xviie siècle.

Haut., 1 m. 60 cent.

132 — Deux statuettes d'anges drapés et debout.
Bois sculpté. xviie siècle.

Haut., 67 cent.

SCULPTURES DIVERSES

133 — Buste de Titus. Sculpture antique trouvée à Lyon. Marbre blanc.

Haut., 38 cent.

134 — Petite tête d'enfant, les cheveux bouclés. Marbre blanc.

135 — Groupe en marbre, représentant la Vierge debout couronnée, drapée dans un ample manteau et tenant l'Enfant Jésus sur son bras droit. xve siècle.

Haut., 41 cent.

136 — Statuette de sainte femme debout, vêtue d'un ample manteau posé sur les épaules. Elle tient de sa main droite une large fleur de lis. Pierre. Fin du xve siècle.

Haut., 80 cent.

137 — Groupe en pierre sculptée, représentant saint Jacques portant un reliquaire, et ayant à son côté un ange agenouillé tenant un phylactère. xvie siècle.

Haut., 53 cent.

138 — Cadran solaire en pierre sculptée, surmonté d'une tête d'homme. xviie siècle.

Haut., 35 cent.

139 — Bénitier en pierre à huit pans ; il est orné d'un écusson, des lettres *P. L. G.* et de la date *1579*. XVIᵉ siècle.

Larg., 23 cent.

140 — Médaillon en terre cuite : Portrait du général Duhesme, en buste de profil à gauche. Signé : *Chinard, mem[b] de plusieurs Académie* (sic).

Diam., 206 millim.

141 — Buste en plâtre peint, par JEAN CARRIÈS : Portrait de Louise Labbé.

(*Ancienne Collection Granotier, de Lyon.*)

MEUBLES

142 — Table de changeur en bois. Le piètement est ornementé et la ceinture moulurée forme coffre. Commencement du xvie siècle.

> Larg., 1 m. 15 cent.; larg., 86 cent.

143 — Petit meuble-dressoir, fermant à deux portes ét muni d'un tiroir; à panneaux sculptés. Il est supporté par deux colonnettes unies et un panneau de fond mouluré, disposés sur un soubassement à gorge. Commencement du xviie siècle.

> Haut., 1 m. 40 cent ; larg., 75 cent.; profond., 46 cent.

144 — Coffre Renaissance, orné sur la face et les côtés de deux panneaux sculptés et séparés par des pilastres cannelés. xvie siècle.

> (*Vente Molinier.*)

> Long., 1 m. 18 cent ; larg., 57 cent.; haut., 76 cent.

145 — Table Renaissance à rallonges, à piètement formé de sept colonnettes unies posées sur des traverses, disposée en croix à double croisillon. En partie du xvie siècle.

> Long., 1 m. 30 cent.; larg., 85 cent.

146 — Devant de coffre en bois et pâte, peint et doré, à décor d'animaux inscrits dans des entrelacs, et muni d'une plaque de serrure en fer découpé. Travail hispano-mauresque, xvie siècle.

147 — Devant de coffre gothique, à décor de fenestrages et de feuilles. xve siècle.

Long., 1 m. 75 cent.

TAPISSERIES

TAPIS, ÉTOFFES

148 — Fragment de tapisserie, représentant un groupe de personnages sur fond de verdure, et au premier plan, en bas, un combat d'animaux. XVIᵉ siècle.

Haut., 1 m. 95 cent.; larg., 88 cent.

149 — Portière, formée d'un fragment de tapisserie Renaissance, offrant une figure de femme, debout au milieu d'un paysage. XVIᵉ siècle.

Haut., 1 m. 95 cent.; larg., 85 cent.

150 — Panneau en hauteur : Fragment de tapisserie-verdure avec volatile. XVIIᵉ siècle.

Haut., 2 m. 30 cent.; larg., 1 mètre.

151 — Panneau en hauteur : Fragment de tapisserie-verdure avec fleurs.

Haut., 2 m. 40 cent.; larg., 48 cent.

152 — Bande de tapisserie en hauteur, finement tissée d'une guirlande de feuilles et de fruits, sur fond marron. XVIIᵉ siècle.

Haut., 1 m. 70 cent.; larg., 20 cent.

153 — Petit panneau en tapisserie au petit point, représentant l'Annonciation. xvii⁰ siècle.

154 — Ancien tapis persan, à décor central de fleurs stylisées sur fond jaune. Bordure ornementée sur fond rouge.

Long., 2 m. 35 cent.; larg., 1 m. 50 cent.

155 — Grand drapeau en soie verte, orné au centre d'une étoile brodée d'or.

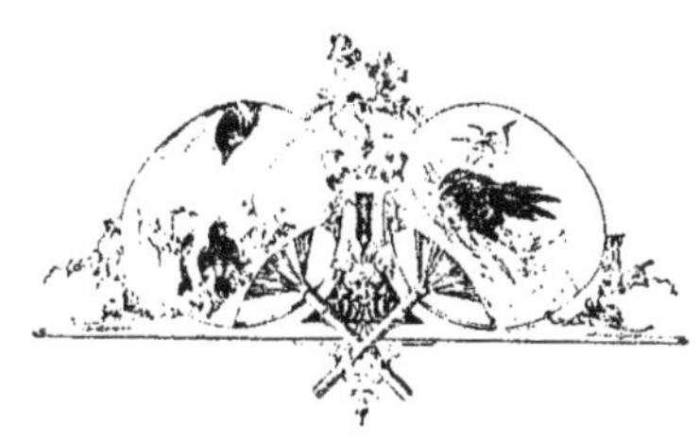

Cher Monsieur

Les fragments de Manuscrits
du XIIe. avec lettres ornementées de
la Collection Rosemberg, ont été
vendus à l'Hotel Drouot, Salle n° 10
le 6 mars 1912. — Le lot de
feuilles a été adjugé 11900. frs

et d'autres lettres d'époques
diverses XIV. XV. et XVI.e Siècles
ont fait : 1350 — 235 — 220 — et les [?]
n.os 53 à 56 du catalogue ——

HENRI LEMAN

EXPERT EN OBJETS D'ART

Meilleurs souvenirs & Compliments

7. Juin 1913.

PARIS, 37. rue Laffitte
Téléph. 216-52